BEI GRIN MACHT SIC
WISSEN BEZAHLT

- Wir veröffentlichen Ihre Hausarbeit, Bachelor- und Masterarbeit

- Ihr eigenes eBook und Buch - weltweit in allen wichtigen Shops

- Verdienen Sie an jedem Verkauf

Jetzt bei www.GRIN.com hochladen und kostenlos publizieren

Litza Feld

Rauf & Rangelspiele als Projekt

GRIN Verlag

Bibliografische Information der Deutschen Nationalbibliothek:

Die Deutsche Bibliothek verzeichnet diese Publikation in der Deutschen Nationalbibliografie; detaillierte bibliografische Daten sind im Internet über http://dnb.d-nb.de/ abrufbar.

Dieses Werk sowie alle darin enthaltenen einzelnen Beiträge und Abbildungen sind urheberrechtlich geschützt. Jede Verwertung, die nicht ausdrücklich vom Urheberrechtsschutz zugelassen ist, bedarf der vorherigen Zustimmung des Verlages. Das gilt insbesondere für Vervielfältigungen, Bearbeitungen, Übersetzungen, Mikroverfilmungen, Auswertungen durch Datenbanken und für die Einspeicherung und Verarbeitung in elektronische Systeme. Alle Rechte, auch die des auszugsweisen Nachdrucks, der fotomechanischen Wiedergabe (einschließlich Mikrokopie) sowie der Auswertung durch Datenbanken oder ähnliche Einrichtungen, vorbehalten.

Impressum:

Copyright © 2014 GRIN Verlag GmbH
Druck und Bindung: Books on Demand GmbH, Norderstedt Germany
ISBN: 978-3-656-67405-4

Dieses Buch bei GRIN:

http://www.grin.com/de/e-book/274391/rauf-rangelspiele-als-projekt

GRIN - Your knowledge has value

Der GRIN Verlag publiziert seit 1998 wissenschaftliche Arbeiten von Studenten, Hochschullehrern und anderen Akademikern als eBook und gedrucktes Buch. Die Verlagswebsite www.grin.com ist die ideale Plattform zur Veröffentlichung von Hausarbeiten, Abschlussarbeiten, wissenschaftlichen Aufsätzen, Dissertationen und Fachbüchern.

Besuchen Sie uns im Internet:

http://www.grin.com/

http://www.facebook.com/grincom

http://www.twitter.com/grin_com

LVR-Berufskolleg

Fachschulen des Sozialwesens

Aufbaubildungsgang Bewegung und Gesundheit

BUG 2

Eine Facharbeit zum Thema

Rauf und Rangelspiele
„Ich wünsche dir einen fairen Kampf"

von

Litza Feld

Düsseldorf, den 30. Mai 2014

Inhaltsverzeichnis

Vorwort..3

Einleitung..3

Grundlagen & Ziele..4

Inhalte des Sportprojekts...5

Sicherheit..6

Die Stoppregel...6

Verlaufsplan Erster Tag & Reflexion...7

Verlaufsplan Zweiter Tag & Reflexion...10

Verlaufsplan Dritter Tag & Reflexion..15

Verlaufsplan Vierter Tag & Reflexion..18

Verlaufsplan Fünfter Tag & Reflexion...21

Verlaufsplan Sechster Tag & Reflexion...23

Schluss...26

Literaturverzeichnis...28

Anhang

Vorwort

Hiermit möchte ich mein gruppenübergreifendes Sportprojekt an der Grundschule"

„Rauf- und Rangelspiele"
Ich wünsche dir einen fairen Kampf

vorstellen, welches ab Anfang Februar jeden Donnerstag zur Pausenzeit in der Turnhalle stattfindet.

Mein Projekt richtet sich an Anfänger der 1.- 4. Klasse. Insbesondere für übergewichtige und schüchterne, sowie motorisch zu fördernde Schüler. Das Angebot „Rauf & Rangelspiele" besitzt sportlich, sowie sozial ein großes Entwicklungs- und Förderpotential, dass besonders auch den überaktiven oder grenzüberschreitenden Kindern aus meiner Schule zu Gute kommt.

Einführung

Jungen und Mädchen leben in jedem Alter das Bedürfnis nach körperlichem Kontakt über das Rangeln und Raufen aus. Fast überall kann man Kinder beim Toben und miteinander Rangeln beobachten. Als erfahrene Erzieherin begegne ich zudem einer Vielzahl an aggressiven und verhaltensauffälligen Kindern auf unserem Schulhof, deren Handlungsgewohnheiten sich oftmals fernab der Norm bewegen.
Aufgrund der entwicklungsbedingt, noch fehlenden Möglichkeiten, Konflikte und Streit auf kognitiver und verbaler Ebene auszutragen, habe ich mich dazu entschieden ein Sportprojekt über das Raufen, Rangeln und Ringen mit offenem Ende anzubieten. Die körperliche Auseinandersetzung war schon immer ein Mittel gewesen Kräfte zu messen und sich durchzusetzen. Kleinere Raufereien zwischen Kindern sind also etwas Natürliches, aber sie dürfen nicht ausarten. Kinder sollen merken, wann es genug ist, sie dürfen dem Anderen nicht absichtlich Weh tun wollen.

In den letzten Jahren haben Rauf- und Rangelspiele, das bedeutet eine bewusste, regelgeleitete, pädagogische Auseinandersetzung mit Formen des Körperkontaktes, an Bedeutung und erzieherischem Potential enorm zugenommen.

Grundlagen & Ziele

Die Zieldimesionen von meinem Sportprojekt „Rauf- und Rangelspiele" sind äußerst vielseitig und decken somit die wichtigsten Bereiche ab.

Soziale Kompetenz	• Emotionen ausleben • Frustationstolleranz steigern • Selbstbeherrschung trainieren • Sich auf veränderte Situationen einstellen • Selbstwertgefühl steigern • Lernen Aggressionen zu steuern • Herausforderungen annehmen • Verantwortung übernehmen
Kondition verbessen	• Kraft • Schnelligkeit • Beweglichkeit
Personale Kompetenz	• Kommunikationsfähigkeit fördern • Wahrnehmungsfähigkeit entwickeln • Regeln vereinbaren und einhalten • Fair sein (Fairplay) • Mit Sieg und Niederlage umgehen • Sich körperlich ausdrücken, Bewegung gestalten
Koordination schulen	• Gleichgewicht halten • Zwischen Gegnern unterscheiden • Auf Bewegung reagieren
Raufen & Rangeln	- Kinder besitzen eine natürliche Freude an der körperlichen Auseinandersetzung - Kinder wollen ihre Kräfte messen - Kinder wollen sich in Grenzsituationen begeben und diese meistern - Kinder wollen ihre Grenzen ausloten - Kinder wollen Wagnisse eingehen

Raufen & Rangeln dient mit seinen Inhalten insbesondere der Kanalisation von Aggressionen und einem konfliktfreien Umgang mit Misserfolgen.
Rauf –und Rangelspiele haben bei Kindern die Funktion, das Repertoire an angemessenen und ritualisierten Aggressionsformen zu erweitern und gleichzeitig destruktive Impulse zu kanalisieren.
Somit können Kampfspiele einen Weg anbieten, die auftretenden Aggressionen im schulischen Alltag konstruktiv zu bearbeiten, indem sie erlebt und ausgelebt werden. Vor allem Jungs bietet sich hier durch die Möglichkeit männliche Sozialisationserwartungen zu erfahren und ihnen angemessen zu begegnen.

Erlebt man bewusst mit den Kindern das Thema „Kämpfen, Raufen und Rangeln", können sich die Kinder zwar in gewohnter Weise austoben, müssen sich dabei aber an bestimmte Regeln halten. Ziel ist es also, diese Regeln auch ins „echte Leben" zu übertragen.

Inhalte meines Sportprojekts

- ✓ **Rituale und Regeln einführen:** Rituale und Regeln stellen eine Strukturierungshilfe für alle Beteiligten dar. Somit wird Sicherheit und Vertrauen geschaffen um sich riskanteren und wagnisreichen Situationen stellen zu können. Soziales Verhalten aufgrund vereinbarter Regeln ist für jeden meiner Schüler bindend und eine Voraussetzung für einen fairen und verantwortungsvollen Umgang miteinander.

- ✓ **Spiel und Übungsformen ohne direkten Körperkontakt:** Am Anfang der Sporteinheit werde ich immer Übungen durchführen, die die Sinne ansprechen und die Berührungsängste abbauen.

- ✓ **Spiel- und Übungsformen mit gesteigertem Körperkontakt:** Jeder meiner Schüler entscheidet selbstständig, wie stark er sich in die Gruppe einbringen möchte, bzw. sich auf den Spielpartner einlassen will.

- ✓ **Spiel- und Übungsformen mit direkten Körperkontakt:** Die Kinder treten in einen direkten körperlichen Kontakt miteinander, entweder informell in der großen Gruppe oder formell als Wettkampf mit dem Partner. (z.B. Schiebe – und Ziehwettkämpfe)

- ✓ **Spiel und Übungsformen in unterschiedlichen sozialen Konstellationen:** Alle gegen alle, Zweikämpfe oder Team gegen Team sind unterschiedliche Begegnungen mit jeweils eigenen Herausforderungen.

- ✓ **Vertrauensübungen:** Damit möchte ich die Grundlage für eine vertrauensvolle und positive Grundstimmung in der Gruppe schaffen. Die Kinder werden sich zudem ihrer verantwortungsvollen Aufgabe bewusst.

- ✓ **Entspannungsübungen:** Durch entsprechende Momente können die Kinder wieder zur Ruhe kommen.

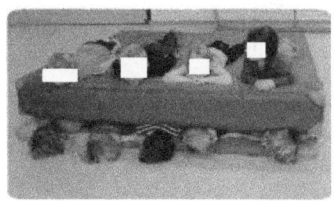

Sicherheit

Bei meinem Sportprojekt „Ringen & Raufen" kommt es gewollt zu einem engen Körperkontakt mit dem Partner. Diese Nähe ist im Gegensatz zu anderen Sportarten deutlich intensiver und stellt die Grundvoraussetzung für die sportliche Auseinandersetzung dar. Aus diesem Grund müssen besondere Anforderungen gestellt werden.

> Schmuck, wie Kettchen, Ohrringe, oder Uhren sind auf jeden Fall abzulegen
> Brille muss ausgezogen werden
> Fingernägel sollten kurz sein
> Lange Haare sollten mit einem Haarband (keine Haarklammern) zusammen gebunden werden.

Werden folgende Punkte zusätzlich zu den oben aufgeführten Anmerkungen beachtet, wird die Sportstunde in der Regel vollständig verletzungsfrei ablaufen.

> Stoppregel beachten
> Der Kopf des Partners darf nicht mit den Armen eingeklemmt werden (Schwitzkasten)
> Schlagen und Würgen ist nicht erlaubt
> Beißen oder Haare ziehen ist nicht erlaubt
> Der Kampf findet auf der Matte statt und die Zuschauer sitzen mindestens 1 Meter davon entfernt

Die Stoppregel

Wenn mich jemand verletzt, verzichte ich auf jede Gegengewalt. Ich gebe ein lautes STOPP-Signal und sage, was der andere tun soll, z.B. STOPP...hör auf!

Ziel der Stoppregel:

Kinder spüren ihre eigenen Grenzen und akzeptieren die Grenzen der Anderen.

Verlaufsplan

Rauf und Rangelspiele

„Ich wünsche dir einen fairen Kampf"

Erster Tag

Einleitung

Zeit	Inhalt	Päd. Kommentar	Organisation	Materialien
3 Minuten	Kinder in der Turnhalle in Empfang nehmen. Erklärung des Aufwärmspiels „Körperteile begrüßen sich ".	Durch den Sitzkreis einstimmen auf die Stunde, Zusammengehörigkeitsgefühl schaffen – erste Kontaktaufnahme zwischen Übungsleiter und Gruppe		

Warmlaufspiel- Einstimmungsphase

Zeit	Inhalt	Päd. Kommentar	Organisation	Materialien
ca. 10 Minuten	Die Gruppe bewegt sich zur Musik durch die Halle. Beim Stopp der Musik nennt der TL ein Körperteil. Mit diesem Körperteil sollen nun alle ganz schnell begrüßen. Setzt die Musik weiter fort bewegen sich alle wieder frei durch die Halle.	Körperteile begrüßen sich" dient langsamen aufwärmen und bietet gleichzeitig den ersten vorsichtigen Körperkontakt.	Dieses Spiel bedarf keiner besonderen Organisationsform, die Teilnehmer bewegen sich frei in der Halle.	CD-Player

Hauptteil – Rauf- und Rangelspiele Schwanzfight

Zeit	Inhalt	Päd. Kommentar	Organisation	Materialien
15 Minuten	Jedes Kind erhält ein Seidentuch. Dieses muss sichtbar als „Schwanz" hinten an der Hose befestigt werden. Nach dem Startsignal versuchen alle die Schwänze des anderen zu ergattern. Auch wer seinen Schwanz verloren hat darf weiter beim Schwanzfight mitmachen. Wenn keiner mehr einen Schwanz hat ist der Fight beendet. Wer die meisten Schwänze besitzt hat gewonnen.	Schwanzfight ist ein Fang und Laufspiel und gehört zu den Rauf- und Rangelspielen. Gefördert werden hier die schnelle Reaktion, Ausdauer und Koordination. Die Spieler scheiden bei diesem Spiel nicht aus.	Dieses Spiel bedarf keiner besonderen Organisationsform, die Teilnehmer bewegen sich frei in der Halle.	20 Tücher Rote Hupe

Hauptteil – Fairplay: Gefängsnisball

Zeit	Inhalt	Päd. Kommentar	Organisation	Materialien
15 Minuten	Die Regel des Spiels werde ich aus Gründen des Platzmangels nicht nieder schreiben. Die Spielregeln sind ja allgemein bekannt.	Dieses Spiel schult hier die schnelle Reaktion, Ausdauer und Koordination. Schulung von „Fairplay". Die Spieler scheiden bei diesem Spiel nicht aus.	Die Halle wird in zwei Hälften aufgeteilt und in jeder Hälfte wird eine Bank aufgestellt.	3 Bänke 1 weicher Ball Rote Hupe

Ausklang

Zeit	Inhalt	Päd. Kommentar	Organisation	Materialien
5 Minuten	Alle Kinder kommen zusammen und bilden einen Sitzkreis auf dem Boden. Zur Entspannung legen sich alle auf den Rücken und strecken Arme und Beine aus. Anschließend gibt es eine kleine Reflexion mit Trinkmöglichkeit	Der Ausklang dient der Entspannung & der Reflexion. Kinder kommen zur Ruhe.		3 Flaschen Wasser & Trinkbecher

Reflexion

Vorinformation...

An unserer Schule findet Gemeinsamer Unterricht von behinderten und nicht behinderten Kindern statt.

Unsere OGS besuchen ca. 140 Kinder, davon haben ca. 25 Kinder sonderpädagogischen Förderbedarf in den Bereichen körperliche und motorische Entwicklung, Sprache, Lernen, soziale und emotionale Entwicklung und den Bereichen Hören und Kommunikation, sowie geistige Entwicklung.

Am ersten Tag meines Projekts standen die Kinder in großer Anzahl vor der Turnhalle. Alle waren neugierig und interessiert was wohl hinter dem „Ringen & Raufen" steckt. Da ich nicht mit so einer großen Gruppe von ca. 60 Teilnehmer starten konnte, entschied mich anfänglich für 30 Kinder. Nach dem Umziehen trafen wir uns alle zum Einstiegsgespräch auf der Bank. Meine Sportstunde beginne ich immer auf der Bank, da wir dann in Ruhe alle Fragen beantworten, Regeln erörtern und das Einstiegsspiel erklärt werden kann. Gut gelaunt starteten die Kinder in die Aufwärmphase mit dem Spiel „Körperteile begrüßen sich". Hier war deutlich zu erkennen, dass viele Kinder den ersten vorsichtigen Körperkontakt merkwürdig fanden. Einige reagierten recht schüchtern, andere wiederum kicherten laut vor sich hin. Wenige Kinder hatten bei diesem Spiel eine offene Einstellung im Bezug auf Körperkontakt. Besonders im Augenmerk empfand ich die muslimischen Jungs, die sich mit ihren Körperteilen der Mädels näherten. Ein türkischer Junge (8) sagte zu mir: „Ey Frau Feld, ich darf keine Mädchen anfassen, das erlauben meine Eltern nicht. Wir sind ja Moslems". Dieses Diskusionsthema haben wir dann zum Ende der Sportstunde nochmals aufgegriffen. Anschließend war den Kindern deutlich, dass es hier nur um Sport geht und um nichts anders.

Bei dem Spiel „Schwanzfight" ging es schon etwas wilder zur Sache. Um an den Schwanz der anderen Kinder zu kommen wurde schon nach den besprochenen Regeln gerangelt. Die Wilden meiner Kinder gingen mit dem Körperkontakt in die vollen. Die Schüchternen Kinder oftmals Mädels oder Erstklässler wichen zart zurück und ließen sich ihren Schwanz kampflos rauben.

Für den Hauptteil entschied ich mich für ein Fairplay-Spiel „Gefängsnisball".

Im Großen und Ganzen war der Einstieg sehr gelungen und die Kinder zeigten in der Abschlussrunde den Daumen nach oben.

Verlaufsplan

Rauf und Rangelspiele

„Ich wünsche dir einen fairen Kampf"

Zweiter Tag

Einleitung

Zeit	Inhalt	Päd. Kommentar	Organisation	Materialien
3 Minuten	Kinder in der Turnhalle in Empfang nehmen. Erklärung des Spiels „Rettungsinseln ".	Durch den Sitzkreis einstimmen auf die Stunde, Zusammengehörigkeitsgefühl schaffen – erste Kontaktaufnahme zwischen Übungsleiter und Gruppe		

Einstimmungsphase „Rettungsinseln"

Zeit	Inhalt	Päd. Kommentar	Organisation	Materialien
ca. 10 Minuten	Jeweils 4 Kinder fassen eine Matte an den vier Ecken und tragen sie durch die Halle. Auf mein Kommando (Hupe) bricht ein Sturm los. Die Kinder müssen ihre Matte blitzschnell ablegen und sich auf ihre „Rettungsinsel" setzten.	„Rettungsinsel" dient als ein Kooperationsspiel. Zudem wird hier die Schnelligkeit gefordert sowie kommt hier Kraft und Ausdauer nicht zu kurz.	Dieses Spiel bedarf keiner besonderen Organisationsform, die Teilnehmer bewegen sich frei in der Halle mit ihrer Insel.	Hupe 8 Matten

Aufwärmphase „Chicken Panik "

Zeit	Inhalt	Päd. Kommentar	Organisation	Materialien
ca. 10 Minuten	Ein Kind spielt den Fuchs. Ein anderes Kind die Küken-Mutter. Der Rest sind die Küken. Plötzlich ruft der Fuchs „Rettet sich wer kann". Die Küken suchen blitzschnell hinter ihrer Mutter Schutz. Ein gefasstes Küken wird zum Fuchs. **Spielvariante:** Die Kükenmutter kann ein bereits gefangenes Küken befreien.	„Chicken Panik" ist ein Fang und Laufspiel. Gefördert werden hier die schnelle Reaktion, Ausdauer und Koordination. Die Spieler scheiden bei diesem Spiel nicht aus.	Dieses Spiel bedarf keiner besonderen Organisationsform, die Teilnehmer bewegen sich frei in der Halle.	Einen Hut für die Kükenmutter

Hauptteil – Fairplay-Spiel „Zombieball"

Zeit	Inhalt	Päd. Kommentar	Organisation	Materialien
15 Minuten	Die Regel des Spiels werde ich aus Gründen des Platzmangels nicht nieder schreiben. Die Spielregeln sind ja allgemein bekannt.	„Zombieball" ist ein Fang und Laufspiel und gehört zu den Fairplay-Spielen. Gefördert werden hier die schnelle Reaktion, Ausdauer und Koordination.	Dieses Spiel bedarf keiner besonderen Organisationsform, die Teilnehmer bewegen sich frei in der Halle.	1-2 Bälle

Ausklang

Zeit	Inhalt	Päd. Kommentar	Organisation	Materialien
5 Minuten	Alle Kinder kommen zusammen und bilden einen Sitzkreis auf dem Boden. Zur Entspannung legen sich alle auf den Rücken und strecken Arme und Beine aus. Anschließend gibt es eine kleine Reflexion mit Trinkmöglichkeit.	Der Ausklang dient der Entspannung & der Reflexion. Kinder kommen zur Ruhe.		3 Flaschen Wasser & Trinkbecher

Reflexion

Bei meinem zweiten Projekttag standen erneut sehr viele Kinder vor der Turnhalle. Ich entschied mich für 32 Kinder, 27 davon waren Jungen.

Der Einstieg mit dem Spiel „Rettungsinseln" begann mit guter Laune und viel Power. Die Ziele für das Spiel wurden vollends für alle erreicht. Sehr schön war zu beobachten, wie jede Gruppe für sich mit ihrer Matte kooperierte. Erstaunlich wie die Kleinsten mit ihrer schwere Matte mithalten konnten. Außer Atem gingen wir ins nächste Spiel.

Bei dem Aufwärmspiel „Chicken Panic" gab es heute 3-4 Kinder, welche Schwierigkeiten hatten sich an die abgesprochenen Spielregeln zu halten. Diese unfaire Art des Spielens verärgerte die anderen Kinder. Deshalb wurde ein kurzer Spielstopp eingelegt und eine neue Einigung getroffen. Jeder Regelverstoß wird mit sofortiger Wirkung mit 5 Liegestützen bestraft. Diese neue Fairplayregel beruhigte die Gemüter und zeigte gute Wirkung auf alle Spieler.

„Zombieball" verlief sehr fair, harmonisch und ließ sich prima mit so vielen Kindern spielen.

Die Stimmung war allgemein sehr offen. Die Kinder ließen sich sehr gut auf das Projektthema von heute ein und haben alle Angebote neugierig mitgemacht.

Verlaufsplan

Rauf und Rangelspiele

„Ich wünsche dir einen fairen Kampf"

Dritter Tag

Einleitung

Zeit	Inhalt	Päd. Kommentar	Organisation	Materialien
3 Minuten	Kinder in der Turnhalle in Empfang nehmen. Erklärung des Spiels „ Panzerball ".	Durch den Sitzkreis einstimmen auf die Stunde, Zusammengehörigkeitsgefühl schaffen – erste Kontaktaufnahme zwischen Übungsleiter und Gruppe		

Aufwärmphase „Panzerball"

Zeit	Inhalt	Päd. Kommentar	Organisation	Materialien
ca. 15 Minuten	Immer 3-4 Kinder zusammen haben eine dünne Matte und halten diese vor sich in der Luft. Ein bis zwei Kinder haben einen Ball. Durch geschicktes Zusammenspiel versucht der Fänger ein Kind hinter der Matte abzutreffen. Die flüchtenden können sich hinter der Matte schützen. Wer abgetroffen wurde tauscht den Platz mit dem Fänger.	„Panzerball" ist ein Fang und Laufspiel. Dieses Aktionspiel trainiert schnelles reagieren, Konzentration und Koordination. Gemeinschaftsgefühl wird hier ebenfalls gefördert. Die Spieler scheiden bei diesem Spiel nicht aus.	Dieses Spiel bedarf keiner besonderen Organisationsform, die Teilnehmer bewegen sich frei mit der Matte in der Halle.	Mehrere kleine blaue Matten & ein bis zwei Softbälle

Hauptteil – Couch Potato Jagd"

Zeit	Inhalt	Päd. Kommentar	Organisation	Materialien
15 Minuten	Die Spielenden bilden Zweiergruppen und verteilen sich in der Halle, indem sie nebeneinander auf einer Matte liegen. Ein Paar beginnt mit Fangen. Der Verfolgte kann sich in Sicherheit bringen, indem er sich neben eine der Paare legt. In diesem Augenblick muss der Spielende auf der anderen Seite aufstehen und flüchten. Wird der flüchtende gefangen wechseln die Rollen.	ist ein Fang und Laufspiel und gehört zu den Rauf- und Rangelspielen Gefördert werden hier die schnelle Reaktion, Ausdauer und Koordination. Die Spieler scheiden bei diesem Spiel nicht aus.	Dieses Spiel bedarf keiner besonderen Organisationsform.	1 Matte pro Spielpaar

Ausklang

Zeit	Inhalt	Päd. Kommentar	Organisation	Materialien
10 Minuten	Alle Kinder kommen zusammen und bilden einen Sitzkreis auf dem Boden. Zur Entspannen legen sich alle auf den Rücken und strecken Arme und Beine aus. Anschließend gibt es eine kleine Reflexion mit Trinkmöglichkeit.	Der Ausklang dient der Entspannung & der Reflexion. Kinder kommen zur Ruhe.		3 Flaschen Wasser & Trinkbecher

Reflexion

Heutiger Projekttag startete mit 23 Jungen und 5 Mädchen. Viele meiner heutigen Kinder waren auch schon bei den ersten beiden Tagen mit dabei. Langsam entwickelt sich ein fester Kinderstamm.

Mit dem Spiel „Panzerball" stärkte die Gruppe ihr Gemeinschaftsgefühl. Ein geschicktes Zusammenspiel wurde von der Gruppe fast schon herausragend umgesetzt. Den kleineren Kindern bereitete das Mattentragen große Mühe. Von ganz alleine haben sich stärke Kinder angeboten ihre Plätze zu tauschen.

Im Hauptteil „Couch Potato" hatten die Erstklässler Schwierigkeiten das Spiel zu verstehen. Es fiel ihnen schwer zu erkennen, wer sich wo auf welche Matte legt und wer dann als gejagter schnell aufstehen muss. Dieses Spiel eignet sich nach meiner gemachten Erfahrung als vorsichtige erste Kontaktaufnahme eher für 3. – 4. Klässler.

Verlaufsplan

Rauf und Rangelspiele

„Ich wünsche dir einen fairen Kampf"

Vierter Tag

Einleitung

Zeit	Inhalt	Päd. Kommentar	Organisation	Materialien
3 Minuten	Kinder in der Turnhalle in Empfang nehmen. Erklärung des Spiels „Hände hoch".	Durch den Sitzkreis einstimmen auf die Stunde, Zusammengehörigkeitsgefühl schaffen – erste Kontaktaufnahme zwischen Übungsleiter und Gruppe		

Aufwärmphase „Hände hoch"

Zeit	Inhalt	Päd. Kommentar	Organisation	Materialien
ca. 10 Minuten	Ein Kind ist der Fänger. Die gefangenen Kinder müssen mit erhobenen Händen stehen bleiben und sind erst wieder frei, wenn sie kurz von den anderen vollständig vom Boden abgehoben werden.	„Hände hoch" ist ein Fang und Laufspiel. Gefördert werden hier die schnelle Reaktion und Ausdauer. Dient ebenso zum anbahnen von Körperkontakt. Die Spieler scheiden bei diesem Spiel nicht aus.	Dieses Spiel bedarf keiner besonderen Organisationsform, die Teilnehmer bewegen sich frei in der Halle.	

Hauptteil – Rauf- und Rangelspiele „Klemmball"

Zeit	Inhalt	Päd. Kommentar	Organisation	Materialien
20 Minuten	Klemmball weg schlagen: Zwei Kinder stehen einander gegenüber, jedes hat einen Ball zwischen den Knien eingeklemmt. Nach dem Startsignal versuchen die Kinder, den Ball des Partners wegzuschlagen und den eigenen Ball zu hüten.			2 Ball 1 Weichbodenmatte Rote Hupe

Ausklang

Zeit	Inhalt	Päd. Kommentar	Organisation	Materialien
5 Minuten	Alle Kinder kommen zusammen und bilden einen Sitzkreis auf dem Boden. Zur Entspannung legen sich alle auf den Rücken und strecken Arme und Beine aus. Anschließend gibt es eine kleine Reflexion mit Trinkmöglichkeit.	Der Ausklang dient der Entspannung & der Reflexion. Kinder kommen zur Ruhe.		3 Flaschen Wasser & Trinkbecher

Reflexion

Heute habe ich mich bewusst für eine Kleingruppe von 16 Kindern entschieden, weil ich für das Spiel „Klemmball" nicht genügend Bälle hatte und auch gerne als Spielleiter näher bei den Kindern sein wollte, um jedes einzelne Paar beim Kampf zu unterstützen bzw. anzufeuern.

Mit dem Spiel „Klemmball" kippte etwas die Begeisterung, da sich das Spiel schlecht umsetzten ließ. Bälle sind in der Schule Mangelwahre und für dieses Spiel habe ich kleine Medizinbälle verwenden müssen. Diese Medizinbälle waren einigen Kindern deutlich zu schwer und ließen sich zwischen den Beinen schlecht einklemmen.
Zudem kam es, dass die Bälle gleichzeitig mit den Trainingshosen sich zu rutschig verhielten. Das frustrierte die Kinder und wir ließen das Spiel nach kurzer Probierphase ausklingen. Da wir noch Zeit hatten, haben sich die Kinder das Spiel „Hase und Jäger" gewünscht.

Allgemein lässt sich sagen, dass die Kinder trotz dem „Klemmball" eine gute Grundstimmung hatten und alles geduldig mitmachten.

Verlaufsplan

Rauf und Rangelspiele

„Ich wünsche dir einen fairen Kampf"

Fünfter Tag

Einleitung

Zeit	Inhalt	Päd. Kommentar	Organisation	Materialien
3 Minuten	Kinder in der Turnhalle in Empfang nehmen. Erklärung des Aufwärmspiels „Musikalische Bälle".	Durch den Sitzkreis einstimmen auf die Stunde, Zusammengehörigkeitsgefühl schaffen – erste Kontaktaufnahme zwischen Übungsleiter und Gruppe		

Warmlaufspiel- Einstimmungsphase „Musikalische Bälle"

Zeit	Inhalt	Päd. Kommentar	Organisation	Materialien
ca. 10 Minuten	Maximal halb so viele Medizinbälle wie Spieler liegen verteilt auf je einer Matte. Alle laufen zur Musik durcheinander. Wenn die Musik endet, versucht jeder einen Ball zu erhaschen und diesen bis das Stoppsignal kommt zu verteidigen. **Spielvariante:** Die Anzahl der Bälle stetig verringern, so dass die Anzahl der Kinder beim Kampf um einen Ball zunimmt	Schulung und Verbesserung der Kraft, Zulassen von Körperkontakt, Regeln für das Spiel festlegen, akzeptieren und einhalten.	Für dieses Spiel müssen jeweils 4 Matten im Quadrat zusammen gelegt werden. Ein Ball liegt mittig auf, Die Teilnehmer bewegen sich frei mit der Musik durch die Halle Halle.	CD-Player 4-5 Medizin-bälle 4-5 kleine Matten

Hauptteil – Rauf- und Rangelspiele "Tauziehen auf dem Ball"

Zeit	Inhalt	Päd. Kommentar	Organisation	Materialien
15 Minuten	Tauziehen auf dem Ball: Zwei Kinder sitzen auf Bällen einander gegenüber. Beide greifen das Tau und versuchen, den Partner aus dem Gleichgewicht zu bringen	Schulung und Verbesserung der Kraft, Zulassen von Körperkontakt, Regeln für das Spiel festlegen, akzeptieren und einhalten.		2 Bälle 1 Tau 1 Weichbodenmatte Kleine blaue Matten

Ausklang

Zeit	Inhalt	Päd. Kommentar	Organisation	Materialien
5 Minuten	Alle Kinder kommen zusammen und bilden einen Sitzkreis auf dem Boden. Zur Entspannung legen sich alle auf den Rücken und strecken Arme und Beine aus. Anschließend gibt es eine kleine Reflexion mit Trinkmöglichkeit	Der Ausklang dient der Entspannung & der Reflexion. Kinder kommen zur Ruhe.		3 Flaschen Wasser & Trinkbecher

Reflexion

Mit 20 Kindern starteten wir heute mit dem Kampfspiel „ musikalische Bälle". Die Spielregeln sind zwar einfach zu erklären, jedoch verhielt es sich mit der Umsetzung eher schwierig. Nach dem Musikstopp stürmten die Kinder sehr wild und ohne Umsicht auf die Matten um den Ball zu verteidigen. In der ersten Runde gab es direkt weinende Kinder, weil ihre Köpfe zusammen stießen. In der zweiten Runde verabredeten sich die Kinder, die während der Musik ausschließlich nur eine Matte umkreisten. Auch hier gab es unkontrollierte Zusammenstöße. In der dritten Runde änderten wir die Spielregeln etwas ab. Alle Matten wurden in einem Teil der Halle hingelegt und der musikalische Bereich wurde in die andere Hälfte verlegt. Auch diese Variante des Spiels wirkte chaotisch und mit viel Verletzungspotential. Für mich wurde bei diesem Spiel sehr deutlich, dass „musikalische Bälle" in dieser Alterskategorie eher ungeeignet ist. Es kann sehr schnell ausarten und gibt den Kindern keine ausreichende Sicherheit.

Tauziehen auf dem Ball hat allen Kindern sehr gut gefallen. Der sehr strukturierte Kampfbereich gab den Kindern die benötigte Sicherheit. Die Einzelkämpfe wurden von den drum herum sitzenden Kindern lautstark angefeuert. So erhielt jedes Kampfpaar seine persönliche Aufmerksamkeit. Anmerken möchte ich, dass die Turnhalle leider nicht über mehrere Bälle in verschiedenen Größen und kein richtiges Tau verfügt. Deshalb musste ich an dieser Stelle improvisieren.

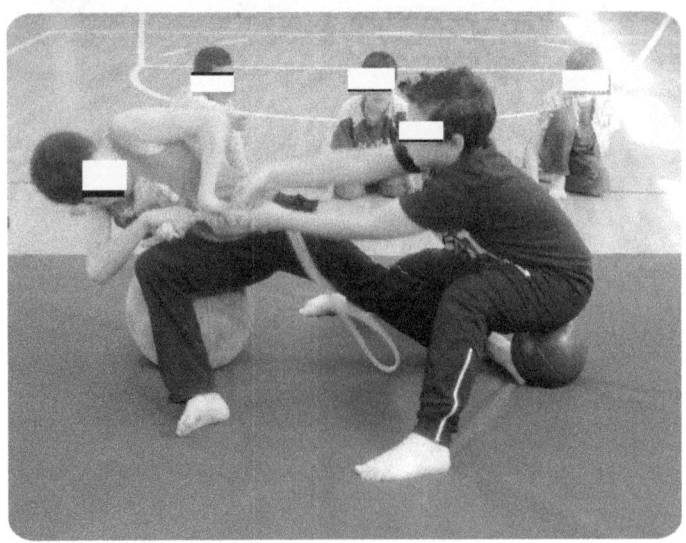

Verlaufsplan

Rauf und Rangelspiele

„Ich wünsche dir einen fairen Kampf"

Sechster Tag

Einleitung

Zeit	Inhalt	Päd. Kommentar	Organisation	Materialien
5 Minuten	Kinder in der Turnhalle in Empfang nehmen. Erklärung des Aufwärmspiels „Familie Meyer".	Durch den Sitzkreis einstimmen auf die Stunde, Zusammengehörigkeitsgefühl schaffen – erste Kontaktaufnahme zwischen Übungsleiter und Gruppe		

Warmlaufspiel- Einstimmungsphase „Familie Meyer"

Zeit	Inhalt	Päd. Kommentar	Organisation	Materialien
ca. 15 Minuten	An alle Mitspieler werden „Familienkarten" mit verschiedenen Familiennamen verteilt. Zu jeder Familie gehören jeweils ein Vater, eine Mutter, eine Tochter und ein Sohn. Dann laufen alle zur Musik und tauschen die Kärtchen aus. Wenn die Musik aufhört, müssen sich die Familienmitglieder durch lautes Rufen finden. Sieger ist die Familie, die zuerst an einem Kasten sitzt in der Reihenfolge Vater, Mutter, Tochter und Sohn.	Schulung und Verbesserung der räumlichen Orientierungsfähigkeit, Differenzierungsfähigkeit und Reaktionsfähigkeit. Langsame Steigerung des Kontaktniveaus, baut Hemmungen ab und hilft den Körperkontakt mit einem Partner zu akzeptieren.	Für dieses Spiel müssen jeweils 4-5 Babykästchen in der Halle verteilt werden. Die Teilnehmer bewegen sich mit ihrer Familienkarte frei zur Musik durch die Halle.	CD-Player Familienkarten 5 Babykästen

Hauptteil – Rauf- und Rangelspiele „Kampf um dem Ball"

Zeit	Inhalt	Päd. Kommentar	Organisation	Materialien
15 Minuten	Beim „Kampf um den Ball" rangeln die Kinder um einen Ball. Dabei können verschiedene Regeln gelten. So darf entweder nur am Medizinball oder nur am Körper angegriffen werden. Man kann aber auch den Angriff auf beides gleichzeitig erlauben	Schulung und Verbesserung der Kraft, Zulassen von Körperkontakt, Regeln für das Spiel festlegen, akzeptieren und einhalten.	Dieses Spiel bedarf keiner besonderen Organisationsform, die Teilnehmer bewegen sich frei in der Halle.	1 Ball 1 Weichbodenmatte 8 kleine Matten Rote Hupe

Ausklang

Zeit	Inhalt	Päd. Kommentar	Organisation	Materialien
5 Minuten	Alle Kinder kommen zusammen und bilden einen Sitzkreis auf dem Boden. Zur Entspannung legen sich alle auf den Rücken und strecken Arme und Beine aus. Anschließend gibt es eine kleine Reflexion mit Trinkmöglichkeit	Der Ausklang dient der Entspannung & der Reflexion. Kinder kommen zur Ruhe.		3 Flaschen Wasser & Trinkbecher

Reflexion

Mit 20 Kindern und dem Lehrerbesuch startete ich heute das Spiel „Familie Meyer". Dieses Spiel begünstigt die erste vorsichtige und langsame Steigerung des Körperkontakts und baut gleichzeitig anfängliche Hemmungen ab. Die deutliche Neugierde, welcher Name sich wohl auf den Kärtchen befindet war für die Kinder sehr spannend. Lauthals und mit großer Aufregung riefen und schrien sie ihre Familienmitglieder zu sich. Die erste Runde war mit großer Hektik sehr schnell und richtig umgesetzt. Es gab ein Kind, welches sich in der ersten Runde unwohl fühlte auf dem Schoß von einem anderen Kind zu sitzen. Doch das war dann schnell kein Thema mehr. Die zweite Runde verlief genauso wie die erste. In der dritten Runde versuchten die Kinder ihre Karten dahin gehend so zu tauschen, um sich als Familie schneller finden zu können. Eine Dynamik, die sich bei den Kindern von ganz alleine entwickelte. Große Begeisterung erhielt dieses Spiel von den Kids.

Der zweite Teil des Angebots war ein Spiel aus dem Bereich „Raufen & Rangeln". Ein Kind der Gruppe verlas für alle laut und deutlich die schriftlich verfassten Regeln. Danach erfolgte das erörtern der einzelnen Regeln. Im Vordergrund stand heute nicht die intensive körperliche Auseinandersetzung und dass Messen von Kraft, sondern das Vermitteln von Wissen in Bezug auf den sozialen Umgang miteinander im Kampf. Anschließend gab es für jeden der mochte die Möglichkeit sich im 1-2 Minutenkampf zu erproben. Ich entschied mich für 1-2 Minuten, da fast alle 20 Kinder „Kampf um den Ball" spielen wollten und dadurch auch die Möglichkeit hatten, öfters mit verschiedenen Partnern zu raufen. Nach der Stunde haben alle gemeinsam aufgeräumt. Das Feedback der Kinder für diese Sportstunde war super.

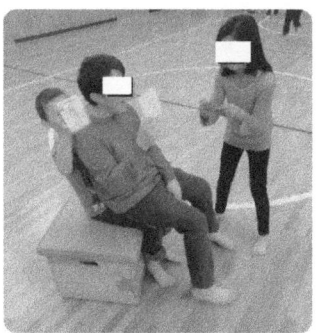

Schluss - Gesamtreflexion

Mein Projekt begann immer mit leichten Gruppenspielen, um sich der Kerneinheit „Ringen & Raufen" spielerisch anzunähern, sowie Regeln und Abläufe kennen zu lernen. Die Sportstunde war von der Reihenfolge so angeordnet, dass sich immer ruhige Spiele mit dynamischen abwechselten. Zu Beginn immer ein Spiel, welches zum vorsichtigen Kontaktaufbau führte, um dann auf einen etwas intensiveren Körperkontakt hinzuarbeiten.

Die Entwicklung klarer Regeln als Verletzungsprophylaxe: (Stoppritual) war sehr hilfreich und notwendig. Sie verschaffte den Kindern Sicherheit und einen respektvollen Umgang miteinander.

Die Kinderanzahl war immer zahlreich. Anfänglich stachen die Jungen in den Sportstunden deutlich heraus. Die Mädchen, sowie schüchterne Kinder brauchten etwas länger um sich auf dieses Projekt einzulassen, waren später aber ebenso „Feuer & Flamme". Allgemein kann ich aber schon fast von einem festen Kinderstamm berichten, welche mehrheitlich aus Muslimen bestand.

Die bewusste Entscheidung für Kleingruppen war in manchen Sportstunden sinnvoll und hilfreich, um zum Beispiel „Lehrinhalte" besser und intensiver vermitteln zu können. Diese Angebote verhielten sich zum Vergleich der Großgruppen meist bewegungsärmer. Großgruppen ab 20-35 Kindern waren immer bewegungsaktiver, denn da bestand eine ganz andere Dynamik. Trotz aller Lehrinhalte wollte ich gerne, dass die Freude am Spiel überwiegt. Durch das Feedback der Kinder und auch der Eltern ist mir das wohl gut gelungen.

Durch mein Projekt „Rauf & Rangelspiele „Ich wünsche dir einen fairen Kampf" haben meine Schülerinnen und Schüler folgendes für sich mitgenommen:

- Ihre eigenen Stärken und Schwächen, sowie die ihrer Mitschüler realistisch einzuschätzen.
- Sich vertrauenswürdig und unterstützend ihren Mitschülern gegenüber zu verhalten.
- Erfolge und Misserfolge richtig einzuschätzen und sich situationsangemessen zu verhalten.
- Respektvoll zu kommunizieren und zu argumentieren, sich in die Sportgruppe einzuordnen und Konflikten weitgehend sachlich zu begegnen

Desweiteren möchte ich gerne erwähnen, das diverse Spiele aus dem Internet oder Büchern nicht unbedingt so wie beschrieben umsetzbar sind. Einige Spiele (z.b. Couch Potato) waren zum Teil für die 1 und 2 Klässler deutlich zu schwierig. Ich würde da an der Stelle eine andere Altersangabe befürworten. Besonders bei „Ringen & Raufen" muss eine klare Ordnung, Struktur und Sicherheit erfolgen. Bei dem Spiel „musikalische Bälle" hätte vermutlich ein anderer Spielleiter sehr schnell Chaos, Verletzte oder ein ruiniertes Angebot zur Folge. Die veränderte Spielversion bei „Kampf um den Ball" empfinde ich passender. Denn hier hat jedes Spielerpaar eine Bühne für seinen persönlichen Kampf. Die drum herum sitzenden Kinder feuern ihren Lieblingskämpfer an und es kann sich eine Gruppenzugehörigkeit entwickeln.

Leider verfügt die Turnhalle nicht über ausreichend Materialien, wie z.B. Bälle oder ein dickes Tau. Aber selbst durchs improvisieren hat Niemand die Motivation verloren. Im Gegenteil. Egal an welchem Tag, die Kinder haben jedes Angebot zu diesem Thema vollends aufgesogen und mit 100% Anteilnahme bis zur letzten Minute mit gespielt. Ich war sehr überrascht über dieses großes Interesse und die Bereitschaft jedes einzelnen Kindes. Durch dieses Projekt habe ich eine Menge Kinder erreicht und das Schöne daran ist, dass es weiterhin jeden Donnerstag stattfindet.

Literaturverzeichnis

Kaiser, Thomas (1999): Das Wut weg Buch Spiele, Traumreisen, Entspannung gegen Wut und Aggressionen bei Kindern   Freiburg: Christophorus-Verlag
4. Auflage

Bächle, Frank   Heckele, Steffen (2010): Doppelstunde Ringen & Raufen Unterrichtseinheiten und Stundenbeispiele für Schule und Verein Hofmann-Verlag
1. Auflage

Portmann, Rosemarie (2002): Spiele zum Umgang mit Aggressionen
Don Bosco-Verlag
7. Auflage

Sutter, Muriel (2013): Burner games   Kleine Spiele mit großem Spaßfaktor
Hofmann Verlag
1. Auflage

Saggau, Simone   Kordelle-Elfner, Katja (2012): 77 kleine Spiele für den Sportunterricht Koordinative und konditionelle Fähigkeiten gezielt fördern
Persen-Verlag   4. Auflage

Klink, Gabriele (2012):   166 Sportspiele zur Psychomotorik gezielte Bewegungsangebote für den Anfängerunterricht   Persen-Verlag
2. Auflage

Texte aus dem Internet:

Stärker und schlauer durch Ringen und Raufen & Kämpfen, Ringen und Raufen
http://www.google.de/imgres?imgurl=http%3A%2F%2Fwww.kidcheck.de%2Fimages%2Fwiss_f26_t1_1200.jpg&imgrefurl=http%3A%2F%2Fwww.kidcheck.de%2Fwiss_f26.htm&h=1008&w=1200&tbnid=ds0A9qn64HE-sM%3A&zoom=1&docid=YHGKPAe7sMpcPM&ei=1O8zU8mfCbTH7AbWqYHIDA&tbm=isch&iact=rc&dur=939&page=1&start=0&ndsp=22&ved=0CHEQrQMwCQ
entnommen: 22.März 2014   aktuell und auffindbar!